DU
GOUVERNEMENT
RÉPUBLICAIN.

DU GOUVERNEMENT RÉPUBLICAIN,

ET DE LA CONSTITUTION FRANÇAISE

DE L'AN III.

> L'homme est né libre. . . . .
> La force a fait les premiers esclaves;
> leur lacheté les a perpétués.
> ROUSSEAU.... Du Contrat Social.....

PAR H. LEMAIRE.

De l'Imprimerie de BERTHOMIER, rue Notre-
Dame Nazareth, N°. 7, près le Temple.

AN VII.

AVERTISSEMENT.

Que d'hommes se rallieroient au gouvernement républicain, s'ils connoissoient la pureté de ses principes et la douceur de son empire! Mais chez nous, les convulsions politiques ont fait des victimes, et la prévention accuse le meilleur gouvernement, des actes atroces de la tyrannie la plus affreuse...... Tâchons, par un exposé fidele, de lui rendre tous ses charmes ; heureux si nous parvenons à exciter nos concitoyens de cette honteuse léthargie, qui, par-tout où elle se manifeste, a dit un grand homme, menace le corps politique d'une dissolution prochaine.

Si, *sur quelque point de législation, je choque des opinions reçues, avant de me qualifier de mauvais citoyen, que chacun me lise impartialement et avec attention : après un mûr examen, si l'on reconnoît que je suis dans l'erreur, qu'on m'excuse...... Je ne donne point, moi, le caractère d'infaillibilité à mes opinions particulières, et je n'attribue à ce petit ouvrage en entier, d'autre mérite que celui du zèle et du patriotisme.*

LE BON CITOYEN.

Qu'on a souvent abusé de ce mot! Avec quelle impudence, des hommes târés de vices et souillés de crimes, ne se sont-ils pas mille fois prodigué un titre glorieux, qui doit être la récompense de toutes les vertus sociales ? Ici je le trouve sur les livres du féroce buveur de sang ; là il devient le prix de la lâcheté ; plus loin il appartient à la perfidie....... O toi, citoyen courageux, ennemi de l'ostentation et de la brigue, mais ami sincère de la République et de la liberté, c'est dans ton cœur que j'en chercherai la définition, c'est sur ton front que j'en lirai les saints caractères !

Le bon Citoyen est celui qui a pour but constant, dans toutes ces actions particulières, l'honneur et la probité ; dans les affaires publiques, l'intérét génèral et la gloire de son pays. Je ne le vois jamais s'acharner à défendre une opinion erronée : si un zèle outré, une question mal saisie l'ont induit en erreur, il l'avoue franchement, et cède sans ef-fort au mérite de la discussion : l'homme à systêmes qui sacrifie le repos de ses concitoyens, le salut de l'état, au plaisir de voir triompher son opinion particulière, est à mes yeux l'ennemi, le plus cruel ennemi de la société! --- Je ne rencontre jamais dans mon héros, cet égoïsme paresseux qui isole un mortel au milieu de ses semblables, et lui laisse à peine le courage d'aller chercher les plaisirs; non pas que je fasse du bon citoyen un de ces sombres extravagans qui font consister leur patriotisme dans la rudesse de leur figure et la saleté de leurs vêtemens. Non. Cicéron est mon modèle; j'ai négligé le tonneau de Diogène! Austère à la tribune, je veux qu'il soit aimable dans la société; et quand je le cherche à l'issue d'une assemblée publique, j'aime à le trouver au sein de ces cercles charmans où, près de la beauté, l'homme d'état vient oublier les travaux du jour, et se préparer aux fatigues du lendemain. Mais, avant tout, le bon Citoyen songe à son devoir, et l'amitié impatiente de lui prodiguer ses doux épanchemens, le surprit plus d'une fois au milieu d'une famille indigente, dont ses bienfaits consoloient la douleur, et prolongeoient l'existance.

Si la voix de la patrie l'appelle sous les drapeaux de l'honneur, terrible contre les ennemis de l'état, il n'oublie jamais ce qu'il doit à ses concitoyens; car il sait que la bayonnette d'un homme libre appartient aux loix.

Le peuple s'assemble-t-il pour nommer à la première magistrature de la République ? il ne cherche point à capter les suffrages. Si le peuple se déclare en sa faveur, ce choix est le fruit de l'estime et non d'une honteuse cabale. Cincinatus guidoit sa charrue, quand les députés du sénat romain, le saluèrent dictateur! --- Mais alors il se montre digne de ses nouvelles destinées, et porte sur la chaire curule les vertus du magistrat intègre. Là il donne l'exemple du respect aux loix, et jamais l'ambition ne l'arme contr'elles. Dans les circonstances périlleuses, il ne se laisse ni dominer par la crainte, ni séduire par des promesses. *La franchise est sur son front, la liberté dans son*

cœur. Traséas au sénat, les corrup-
teurs rencontrent dans ses foyers un
nouveau Curius. --- Comme il est
l'homme de la République, il ne
tremble que pour elle, et sait dans
l'occasion lui faire le sacrifice de sa
vie.

Le meilleur gouvernement, je le
sais, a aussi ses orages, et la République n'offre point à ses enfans fideles,
un ciel constamment serein, une
mer toujours exempte de tourmentes.
Quelquefois les passions se heurtent
avec violence; et, dans ce choc terrible, la liberté froissée déserte souvent un pays malheureux, arrosé du
sang des ses meilleurs citoyens. On
voit alors le soleil de la justice s'é-

clipser, et les factieux chercher à ployer la nation sous le joug de la servitude. C'eſt dans ce moment funeſte que l'homme vraiment digne de la liberté doit opposer à leurs deſſeins une résistance invincible. Les dangers ne font qu'accroître son courage : la menace du trépas, l'appareil des supplices ne peuvent rien sur son ame inébranlable ; il eſt capable de tout pour rendre la liberté à son pays ; et s'il succombe dans cette entreprise périlleuse, quelque amertume que la vengeance répande sur ses derniers inſtans, il étonne les bourreaux par sa mâle conſtance, et fier de la courone civique que la poſtérité décernera uu jour à ses mânes généreux, il s'envole glorieusement au sein de la divinité ! son espoir n'eſt pas déçu. Ce temps de l'iniquité paſſe, tôt ou tard le jour de la juſtice arrive, et alors ce héros, que les circonſtances ont immolé, tient la première place parmi les victimes nationales dont la cendre eſt parfumée de l'encens immortel, et que les roses tardives de la reconnoiſſance publique viennent consoler dans leur tombe.......

A L'OMBRE

DE

VERGNIAUX.

VERGNIAUX, *tu renversas le Trône,
et j'applodis à ton amour pour la Liberté!
tu luttas contre une nouvelle Tyrannie, et
je pleurai sur l'injustice du sort!....mes
mains, mes faibles mains, levées vers le
ciel, invoquoient le trépas, quand des ac-
cens divins suspendirent mon désespoir....
JEUNE HOMME, sembla-t-on me dire*, ne le
plains pas : il a fait son devoir; pourroit-il
être malheureux ?...... il fut bon citoyen;
songes à l'imiter un jour, et souviens-toi de
son courage!..... *Ce jour est venu; l'en-
fance a fui, et la carrière politique s'ouvre
devant moi..... Ombre chère, reçois donc
mes premiers sermens : ils sont à l'intré-
pidité qui illustra tes derniers momens; au
peuple dont tu défendis les droits; à la République que fonda ton génie..... tant que*

*je marcherai dans le sentier de la vertu;
comme un génie tutélaire, guides mon inex-
périence, protèges ma faiblesse .... mais,
si jamais j'oublie mon modèle! .... si l'ambition, ou la cupidité! .... grand Homme,
armes alors contre un parjure, le Dieu
vengeur des crimes, qui t'a reçu dans
son sein! ...... qu'il me punisse des plus
affreux supplices! ...... qu'il épuise sur
moi tous les traits de la vengeance céleste! ...
que ...... sans bannir la sensibilité de mon
coeur, il me condamne à l'odieuse célébrité
de tes bourreaux! .....*

DU

GOUVERNEMENT RÉPUBLICAIN,

ET DE LA

CONSTITUTION FRANÇAISE

DE L'AN III.

IL ne peut exister de gouvernement juste
que celui qui a pour base la volonté du peuple, d'autorité légitime que celle instituée
par lui. Or, comme les hommes, de leur nature individuellement souverains, ne sau-
roient faire à l'un d'entr'eux l'abandon de

A

leurs droits, qu'à la condition exprimée ou tacite que celui-là s'occupera du bonheur général; tout gouvernement qui ordonne un acte tyrannique, perd à l'instant même, le droit de commander. Or, toute suprématie qui n'a point été conférée par le peuple, quelque soit d'ailleurs la prescription des ans, est essentiellement illégitime et abusive. Allons plus loin, et disons à cet égard, que les magistrats amovibles jouissent seuls d'une autorité légitime; qu'un pacte sociale n'a force de loi, qu'autant qu'il est sujet à révision. En effet, nul dans la condition privée, n'a droit que sur sa propre personne : je ne puis donc, moi, engager celle de mes descendans. La révision d'ailleurs voulue par mille autres motifs, découle de ce principe incontestable, source de révolutions, si périodiquement l'espèce humaine se renouvelloit en un seul jour, mais que l'ordre de la nature dépouille de toute conséquence funeste.

Que cette souveraineté individuelle ne nous fasse cependant pas méconnoître les droits de la majorité. La réunion de plusieurs hommes en société forme un corps politique, dont toutes les parties sont figurément sou-

mises aux mêmes loix que nos différens
organes ; de même que nous trouvons la
plus grande somme de plaisirs, là où la plu-
ralité de nos organes est en jouissance ; de
même aussi le corps politique trouve le bonheur, là où le plus grand nombre est heureux. N'est-il pas nécessaire que chacune des
parties de notre corps concourre, même à son
détriment passager, à l'harmonie générale
sans laquelle tout notre être se dissoudroit
bientôt ?.... N'est-il pas juste aussi, que,
dans l'ordre social, les individus s'imposent
envers la masse, des devoirs pénibles quelquefois, mais cependant sans lesquels eux-
mêmes périroient ?... -- Si les jambes ne
se fatiguoient pour aller chercher la nourri-
ture, la langueur que leur paresse causeroit
au reste du corps, les auroit bientôt elles-
mêmes atteintes, et condamnées au néant.
-- De même si chaque mortel vouloit isolé-
ment jouir de la plénitude de ses droits
naturels, il en résulteroit un choc également
funeste à tous, et dont la conséquence in-
faillible seroit l'annéantissement de chacun....
Deux hommes pressés de la faim, trouvent
dans les déserts un vase plein d'une liqueur

nourrissante ; tous deux prétendant à la possession exclusive, se le disputent, veulent se l'arracher.... le vase se brise entre leurs mains, la liqueur fuit, et tous deux périssent bientôt d'inanition....

Le but de toute association politique étant donc de faire résulter le bonheur de chacun des individus qui la composent, d'une cession réciproque des droits naturels de l'homme sauvage, le pacte social doit avoir pour base unique, cette simple maxime : *Nul ne peut être empêché de faire ce qui ne nuit pas à autrui, ou à l'ordre général de la société.*

Mais, comment faire l'application de cette maxime ! et quel ordre les hommes civilisés ont-ils établi pour cela ? A mes yeux se présentent deux formes de gouvernemens (1) ; la république et la monarchie. Voyons qui doit obtenir l'avantage ? et de quel côté se trouvent les principes ?

Un roi cesse-t-il de vivre ? ... son fils revêt la pourpre, prend le sceptre, et entasse édits sur édits, afin que le peuple s'apperçoive qu'il a changé de maître. Si un homme

____

(1) Toutes les autres émanent de celles-là.

moins abruti que ses semblables, lui disoit alors : *Qui t'a donné le droit de commander?..* L'usurpateur devroit nécessairement lui répondre : *Je te commande parce que mes aïeux ont commandé à tes aïeux : je règne parce que mon pere a régné.....* Voilà les droits, les seuls droits d'un despote, et il se trouve des hommes assez bas, assez indignes d'eux - mêmes, pour servir le despotisme!... et ces hommes dégénérés se disent enfans de l'honneur, et pour le plus léger outrage, vous les verrez percer le sein d'un ami!....Cependant si vous voulez examiner la généalogie de l'usurpateur ; si vous remontez à l'origine de sa puissance, vous reconnoîtrez souvent qu'il doit le trône à un brigand heureux, venu de je ne sais quelles contrées, et qui s'est emparé les armes à la main, de l'empire dont ses descendans sont aujourd'hui paisibles possesseurs ; vous reconnoîtrez que les ancêtres de ceux mêmes qui rampent à ses pieds, ont péri victimes d'un généreux dévouement!... que les dégrés du trône sur lesquels ces esclaves promènent honteusement leur ignominie, sont encore teints du sang de leurs pères!.....

Là , le sujet est puni par l'effet d'une loi qui n'existoit point avant le délit qu'on lui reproche.... L'infortuné périt de langueur au fond d'un cachot, sans savoir quel est son crime, et en quoi il a pu déplaire au souverain, qui souvent ignore lui-même son emprisonnement.... La brigue, la faveur éloignent des emplois publics l'homme de mérite qui n'a que ses talens pour recommandation, tandis que le chemin des honneurs est ouvert à l'ignorant armé d'un morceau de parchemin ! .... Là tout est vénal ! là , il ne faut qu'un heureux coup de dez, pour devenir magistrat suprême !...

Mes pas se portent-ils ensuite au sein d'une république ?... Ah ! tout s'y présente sous un aspect bien différent ! Voyez s'asseoir dans la chaire curule, ce vieillard respectable, que les vœux du peuple viennent d'arracher à son intéressante famille !.... Celui-là ne fit pas valoir les vertus de ses ancêtres ; mais la société couronne en lui celles de ses enfans , portraits fideles d'un père attentif et éclairé. Interprète des lois, il commande avec douceur, et est obéi sans résistance. ... Eh , sur sa figure vénérable.

les rayons de la bonté se mêlent aux rides
de l'expérience, et chacun, en l'abordant,
croit saluer le génie de la sagesse!.....

Le premier de ces peuples attend son sort
des caprices d'un maître absolu ; le second
obéit à ses propres volontés : l'un adore le
dépositaire d'une autorité dont il méconnoît
l'origine ; l'autre surveille le magistrat que
lui-même a créé.

., Un despote, dans le gouvernement, ne
consulte que son intérêt seul, et pour en
consommer les actes, s'entourre de quelques
traîtres qui lui vendent la liberté de leurs
pays.... Chez un peuple libre, tous les
actes de l'administration publique sont con-
formes à l'intérêt de tous, et de chacun.
Dans une république, les agens du trésor
nationale, sont responsables de leurs opérations, et les contributions ne sortent des
mains du peuple, que pour être employées
utilement, et à son profit.

Dans une monarchie, le roi dispose arbi-
trairement du trésor public, et consacre
les richesses de l'Etat, à l'entretien de ses
maîtresses, ou souvent à des entreprises qui
n'ont pour objet qu'une vaine gloire.

Celui-ci dit : *Paye, parce que j'ai besoin d'argent, et que je n'en ai plus.*

Celui-là dit, au contraire, *Contribues*, parce que des fonds me sont nécessaires pour telle et telle raison, et que j'ai employé ceux que tu m'avois confiés, à tel et tel usage.....

Comme une nation entière ne peut stipuler par elle-même, vu l'excessive multiplicité des individus classés sous cette dénomination générale, elle choisit dans son sein des personnages éclairés et intègres, qu'elle charge de former un code de lois, dont elle-même a posé les bases, et qu'elle se réserve le droit d'approuver, ou de rejetter. Fiers de la confiance nationale, et de leur attachement à la cause publique, ces élus s'assemblent, discutent, et présentent bientôt à l'acceptation du peuple, le fruit de leurs lumières et de leur patriotisme.

Pour assurer l'indépendance nationale, contre les projets de l'ambitieux, rien n'échappa à leur civique prévoyance, et sur le balancement sagement combiné des devoirs et des droits de l'homme, ils ont assis le bonheur social.

Satisfait de ses mandataires, le peuple applaudit à leur travaux, et il ne s'agit plus que de mettre en activité les lois organiques qu'ils ont rédigées. Il faut nécessairement que quelqu'un soit particulièrement chargé de cette fonction, et il faut que celui-là soit investi d'un grand pouvoir; car, en cas de résistance de la part de quelques individus rébels à leurs engagemens, il doit posséder les moyens de se faire obéir par la force. Les mendataires de la nation ont prévu ce cas, et sentant combien il seroit dangereux de confier à un seul homme, une puissance, telle que dans les mains d'un ambitieux, elle put devenir l'instrument de la ruine publique : ils ont proposé au peuple de diviser ce pouvoir. Une portion de magistrats sera conséquemment chargée des détails de l'administration législative, et le soin de l'exécution demeurera confié à d'autres officiers. La force publique ne sauroit devenir dangereuse entre leurs mains, puisqu'ils ne pourront la faire agir qu'en vertu des ordres des premiers magistrats; et l'existence de chacun de ces deux corps, sera tellement liée à l'observance religieuse des limites de leurs pouvoirs respectifs, que leur propre intérêt devienne la sauve-garde du peuple entier. De leur union naîtra donc la force de l'Etat, et leur équilibre assurera sa liberté.

Enfin, pour qu'en aucune manière, ces dépositaires de l'autorité ne puissent, sous de vains prétextes d'insubordination, frapper les citoyens dont l'active surveillance leur seroit incommode, un troisième corps indépendant des deux premiers, pour l'exercice de ses fonctions, sera chargé de punir les délits.

La prudence des mandataires du peuple n'a d'ailleurs créé que des magistrats amovibles, intéressés par cela même à ne point établir pendant leur gestion, un principe destructeur des droits du simple citoyen.

Un moyen de révision, sagement combiné, aura couronné l'œuvre de ces dignes élus.

Voilà comment se fonde et s'administre le gouvernement républicain. Les apôtres de la royauté auroient peine, je pense, à lui trouver une origine aussi noble, et une existence aussi légitime. Suivons le maintenant dans ses développemens.

Le gouvernement républicain n'admet point cet odieux arbitraire, qui fait tant de victimes dans les monarchies. Chaque citoyen sait en quelles occasions , et pour quels délits le magistrat peut se saisir de sa personne : les formes mêmes de son arrestation sont impérieusement prescrites par les lois. Il ne craindra donc pas que la haine de quelque homme puissant , le condamne à mourir au fond d'un cachot ; l'officier public , qui le prive de sa liberté , doit à l'instant même, lui notifier la cause de son arrestation , et la loi seule parle dans cet article ! Il ne craindra pas non plus qu'un jugement ténébreux l'envoie à l'échafaud ; avant de punir un individu , il faut qu'une discussion solemnelle établisse sa culpabilité !

Si , dans quelqu'occasion , les magistrats ont été injustes à son égard ; s'ils ont attaqué ses droits , il peut en appeler à la nation entière , et lui dénoncer un abus de pouvoir : dans un État républicain , la presse est essentiellement libre , et n'a de bornes , que celles prescrites par l'intérêt général. L'intérêt général commande à l'écrivain de respecter le gouvernement , les magistrats et les mœurs , mais on ne peut, sous quelque prétexte que ce soit, l'empêcher de dénoncer un abus , une vexation. Cependant qu'il n'exhorte jamais ses concitoyens à méconnoître le pouvoir d'un magistrat ; s'il est coupable envers lui, qu'il invoque le secours des lois ; elles doivent lui indiquer un moyen de vengeance : autrement, il prêcheroit l'anarchie, et la société a droit de punir l'individu qui tend à sa dissolution..... Mais, si les lois donnent au gouvernement le droit de réprimer les abus de la presse, il faut qu'elles précisent les cas où il pourra faire usage de son autorité, contre l'écrivain ; car elles ne doivent rien laisser à l'arbitraire, ce point sur-tout étant une des bases fondamentales de la liberté publique. En effet, la liberté ne seroit qu'une chimère, là où le simple citoyen ne pourroit discuter un point de législation, ou dénoncer un abus, sans risquer d'être poursuivi comme ennemi de l'Etat.

L'orgueil des rois fournit un asyle aux arts et aux sciences ; le législateur républicain, doit leur élever des temples. Pour secourir un savant, les premiers attendent que sa plume vienne caresser leur amour-propre; que le second l'aille chercher jusques dans son réduit obscur, et là qu'il couronne le véritable mérite toujours ennemi de l'ostentation. En se montrant généreux envers lui, le roi achette son trône; le républicain paye des services; car les despotes doivent leurs grandeurs au silence de la philosophie, et les peuples, la liberté à ses lumières!.... Celui qui cultive les arts ou les sciences, doit en tous temps trouver au sein d'une république, *tranquillité, protection* et *sureté*. Si les armes reculent les frontières d'un empire et le rendent redoutable à ses voisins, les arts y entretienent l'abondance, forcent ces mêmes voisins à devenir ses tributaires, et lui donnent sur le reste du globe, une influence morale, plus précieuse et plus certaine mille fois que cette domination qui s'achette par des flots de sang, et peut échapper en un jour.

Un Etat qui donne tout à l'art militaire est comparable à un géant armé de toutes pièces; qu'il fasse un faux pas, la pesanteur de son armure l'empêchant d'agir, il deviendra la proie des ennemis qui, naguère,

trembloit au seul bruit de son nom.......
Le peuple qui, plus politique, ne fait pas
consister toute sa force dans la vigueur des
bras, trouvera toujours des ressources dans
les circonstances les plus désespérées. Il me
semble voir en lui un guerrier agile, qui
échappe au glaive de son adversaire, alors
que chacun croyoit, pour lui, la mort iné-
vitable.

Mais il ne suffit pas de protéger celui qui
déjà s'est illustré dans la carrière, il faut
en ouvrir la route aux jeunes enfans, que
la nature y appelle. On ne sauroit trop
multiplier les moyens d'instruction. L'état
s'enrichit, en vidant ses trésors dans la
caisse du mortel précieux, qui consacre
sa vie à guider les premiers pas de l'homme
sortant des mains de la nature. Républicains,
s'il est nécessaire, que le nombre de vos
collèges surpasse celui des maisons où le
fanatisme entassoit jadis les victimes des
préjugés!... On mène facilement à l'es-
clavage, l'homme qui n'a pour guide que
l'excellence de son cœur; mais le mortel
instruit sait lire dans l'ame de l'ambitieux,
et il déjoue ses projets. Cicéron sauva Rome
des pièges de Catilina!...

Si le législateur républicain doit scru-
puleusement écarter de la jeunesse tout ce
qui pourroit la séduire , si de cette vigi-
lante attention dépend le salut de l'État,
le nom seul du gouvernement qu'il administre , lui fait un devoir non moins sacré
de surveiller la morale publique. Dans un
pays où l'universalité des citoyens nomme
les magistrats , tout est perdu quand les
hommes sont démoralisés. Les cœurs s'ouvrent alors à la corruption , et la suprématie
appartient au premier ambitieux qui voudra
régner. Rome perdit sa liberté , quand elle
eut perdu ses mœurs. Sans vertu , point de
république ! Que le magistrat poursuive donc
les vices avec cette rigidité d'un Romain
illustre , et d'abord qu'il s'attache à ter-
rasser l'athéisme , source de tous les crimes
qui désolent l'humanité...

» Il importe à l'état, dit J.-J. Rousseau ,
» que chaque citoyen ait une religion qui lui
» fasse aimer ses devoirs. «

Rousseau, voulant faire l'application de ce
principe, poursuit en ses termes:

» Il y a donc une profession de foi pure-
» ment civile, dont il appartient au souve-

» rain de fixer les articles, non pas précisé-
» ment comme dogmes de religion, mais
» comme sentimens de sociabilité sans les-
» quels il est impossible d'être bon citoyen,
» ni sujet fidèle. . . . .
. . . .
. . . .

Sans adopter ces développemens dangereux sous plusieurs rapports, et qui, par cela
seul qu'ils établissent une tierce religion capable d'alumer la torche du fanatisme, doivent être repoussés par celui qui a scrupu-
leusement étudié le cœur humain. Arrêtons-
nous au principe, et disons : que si des con-
sidérations particulières et locales défendent
au législateur de forcer chaque individu à
professer un culte religieux quelconque, il
doit s'appliquer du moins, par tous ses actes
et dans tous ses discours, à inculquer, au
peuple, le respect de la divinité ; qu'il pros-
crive soigneusement ces discussions qui flé-
trissant la morale et les rites d'un culte en
particulier, nuisent également à tous. Si des
ministres religieux se sont rendus coupables
de délits envers la société, que son orateur
n'attaque jamais leur caractère, et ne

dénonce

dénonce en eux , que des citoyens infideles à leur serment. S'il le peut, qu'il garde un silence absolu sur les vices de ceux qui , dans leurs mœurs , doivent retracer au reste des hommes , la pureté céleste. Autrement , l'homme éclairé respectera la religion , en abhorrant ses ministres ; mais le vulgaire , qui ne s'en rapporte qu'à ses yeux , peu logiciens , enveloppera dans une même proscription , et la religion , et ses ministres. Point de discussions métaphysiques sur la croyance d'aucune se te religieuse ; elles ont toujours enfanté plus de matérialistes que de déistes.

Législateurs, portez cette attention jusques sur les lieux où les mortels rendent hommage à la Divinité. Ne souffrez jamais que les ministres de différens cultes viennent successivement y célébrer leurs céré monies. Cette diversité d'usages et d'opinions chez des gens qui tous se prétendent exclusivement inspirés de Dieu, frappent la multitude , et lui suggèrent un mépris égal pour toutes les sectes religieuses. Oui, si l'Etat ne possède point assez d'édifices pour répondre particulièrement aux réclamations des différens religionnaires ; qu'il les consacre tous à un autre usage , plutôt que de les leur donner en commun.

Que le gouvernement observe religieuse-ment les engagemens qu'il contracte avec les individus au nom de la société entière. Outre qu'il détruiroit le crédit national, et se priveroit de toute ressource pour l'avenir, en s'écartant de ce principe, la bonne foi ne sauroit régner dans les transactions par-ticulières, si les magistrats la bannissoient des actes publics.

Pénétrez dans ces lieux infâmes où le jeu fait chaque jour des victimes, et livre le jeune homme sans expérience à des êtres abominables, dont l'unique occupation est de méditer la ruine de leurs concitoyens , en offrant sans cesse à la crédulité, de nouveaux appas qui cachent de nouvelles perfidies. ... Fermez, fermez l'antre du crime aux pas incertains du citoyen oisif.....

Mettez un frein au libertinage , et for-cez le graveur et l'écrivain à respecter la décence.

Enfin , qu'une loi terrible atteigne ces brigands dévastateurs , dont les coffres-forts ne s'ouvrent aux cris de l'infortuné , que pour engloutir ses dernières ressources , sous l'apparence d'un secours illusoire.

Cependant, que le législateur se souvienne sans cesse qu'on n'établira jamais l'empire de la vertu par des lois répressives du vice. Il ne suffit pas de frapper le crime , il faut régénérer les cœurs qu'il avoit séduits et leur faire aimer la vertu. Rendez la donc possible ; remplacez à mesure, par des institutions pures et utiles , les ressources criminelles que vous détruisez..... et n'oubliez point que la promesse d'une couronne, lui fera plus de prosélites , que la menace des supplices.

La morale publique a , de plus, des signes extérieurs , qui ne doivent point échapper à la législation, et qui appartiennent même essentiellement au gouvernement républicain , aussi pur dans tous ses effets, que légitime à sa source.

Je n'aime point à rencontrer sur mon passage, les victimes de la mort , portées au lieu de la sépulture avec cette négligence et cet abandon qui répugnent aux cœurs sensibles , et blessent justement l'homme qui connoît la dignité de son être. Le mortel en société doit les honneurs funéraires à son semblable, et ceux sur-tout qui sont attachés au défunt par les liens du sang, ne peuvent sous aucun prétexte, se dispenser de lui donner cette dernière marque d'affection. Que le législateur entoure donc l'officier public de ce cérémonial simple, mais majestueux, dont le but est de parler à l'ame, et non de frapper la vue d'un ridicule éclat: que celui ci toujours observe et fasse observer dans l'exercice de ses fonctions, la décence qui convient au caractère de sa magistrature. Je m'indigne, en voyant les hommes à qui la loi commet le soin d'inhumer les cadavres, jouer au sein d'une grande ville, le rôle des porte-faix qui accumulent les fardeaux, et heurtant l'un et l'autre, marchent rapidement aux lieux désignés, afin de voler ensuite à de nouvelles charges. Si les malheurs de l'humanité forcent les premiers à de trop fréquens transports, s'ils sont quelquefois contraints par le ravage des maladies, de réunir leurs victimes, qu'ils songent du moins à les porter toutes décemment. Sans le drap tricolore qui couvre le cercueil juché sur l'épaule de l'un de ces hommes, je ne me douterois jamais qu'il court inhumer l'enfant dont hier j'ai appris la mort.

Je donne donc au magistrat chargé des inhumations, un costume imposant, et je veux que tous les parens du défunt, jusqu'à un dégré déterminé, soient contraints d'entourer son cercueil aussi sous un habit conforme à la tristesse des circonstances ; je veux que des hommes publics, précédant et suivant les pompes funèbres, forcent les chars à s'arrêter, et les passans à garder un silence respectueux ; je veux enfin, arrivé au lieu de la sépulture, entendre l'officier public élever la voix, et profiter de la disposition des esprits, pour faire sentir aux assistans combien, dans les circonstances périlleuses, le mortel doit trouver de courage, pour mériter, par ses vertus civiques, le bienfait inexprimable d'appartenir pour jamais à un monde meilleur, après la courte existence que l'Etre suprême lui accorde dans celui-ci. Telle sera la fin de cette cérémonie, si mieux n'aime la famille du défunt, la terminer par son oraison funèbre.

Ce que je viens de dire de cet acte important , et du magistrat chargé de le consommer , s'applique , pour le principe général , à tous les actes d'administration extérieure, à tous les fonctionnaires publics en exercice. Il faut effectivement que toutes les cérémonies républicaines, quelque soit leur but particulier , présentent au peuple un caractère auguste qui lui inspire du respect, et pour ses magistrats , et pour les actes de leur autorité.

Je ne puis me résoudre à envelopper dans ce raisonnement général , une institution civile trop intéressante pour ne pas mériter un examen particulier : je veux dire les fêtes nationales , destinées à retracer au peuple , les époques les plus remarquables de sa gloire et de son bonheur. Un jour de fête publique , doit être un jour de félicité pour tous les individus , et sur cette base, j'en édifie les dispositions..... -- Je veux qu'une aussi belle journée s'ouvre par des chants reconnaissans, et je charge conséquemment les fonctionnaires publics, d'en consacrer l'aurore par des distributions de secours aux pauvres vertueux. Lors que je me suis repu

de ce spectacle enchanteur, je cours à la place
publique dans l'espoir d'y trouver les cou-
ronnes destinées aux citoyens qui se sont
illustrés par de beaux traits, ou ont fait
preuve d'un mérite distingué : et là, j'aime
encore à voir les corbeilles de fleurs, que
les enfans de la liberté offrent à l'image de
leur mère, soutenues par des jeunes garçons
et des jeunes filles, dont la bienfaisance
nationale vient d'unir les destinées. Mon
cœur appelle ensuite le magistrat à la tribune. Je l'entends avec plaisir exhorter les
citoyens à la pratique des vertus, et élagant
soigneusement de son discours, tout ce qui
pourroit exciter entr'eux la haine ou la
défiance, leur prêcher une douce fraternité :
A ses dernières paroles, se mêle une musi-
que agréable, et tandis que tous les spec-
tateurs attendris, se donnent le baiser de
paix, la trompette sonne le signal des jeux
que la Grèce honora jadis. Alors chacun se
range, pour faire place aux athlètes. On
les suit dans leurs différens exercices, et
quand les juges du jeu ont distribué le prix,
on se retire plein de cet enthousiasme, qui
n'est connu que des peuples libres. ...

B 4

Qu'un voisin ambitieu. ose ensuite atta-
quer un peuple gouverné par de telles loix,
et cet ennemi redoutable l'aura bientôt ren-
versé de son trône! des milliers de soldats
se leveront à l'instant contre lui, et le soldat
républicain, n'est que pour la discipline,
comparable à ces automates, dont le courage tacticien appartient aux circonstances
et aux localités. Un officier qui commande
à des esclaves, compte ses bouches à feu,
et mesure le terrain.... Un général chargé
de guider des hommes libres à la victoire,
croise les bayonnettes, et bientôt franchi
l'espace qui donneroit à la ruse ce que
Mars doit au courage!... Religieux obser-
vateur des traités, le républicain ne prend
les armes que pour venger une injure ; si
on le force à la guerre, il devient terrible,
et la victoire couronne par-tout ses drapeaux.
Non pas qu'il néglige les moyens d'éviter
une rupture ; personne, au contraire, n'est
plus que lui, ami de la paix : mais lors-
que ces gouvernans n'ont rien omis de ce
qui peut entretenir la bonne intelligence
entre les nations, et déjouer les intrigues
d'un tiers perfide, ils appellent à la défense
de la patrie, ceux des citoyens que des de-

voirs sociaux, ou l'intérêt de l'Etat (1), ne retiennent pas dans leurs foyers ; ils les joignent à ces nombreux guerriers, qui, au sein de la paix, instruisoient leur courage dans l'art des combats, et dont le choix fut aussi l'ouvrage d'une saine politique ; car le gouvernant éclairé n'oubliera jamais qu'il est chargé de diriger une machine dont toutes les pièces sont également essentielles, et doivent à-la-fois fixer son attention. En arrêtant une mesure, il lui faut effectivement examiner si, dans quelqu'une de ces conséquences, elle ne sauroit devenir nuisible

____

(1) Il est des hommes qui ne conçoivent pas comment l'intérêt de l'Etat peut exiger, qu'on n'arrache point un homme de génie de son cabinet, pour le traîner sur un champ de bataille. Ces hommes qui ne savent pas ce que c'est que l'égalité civile, et la législation républicaine, croyent qu'on viole l'un, et qu'on pêche contre l'autre, quand on attaque leur opinion particulière. L'opinion de ces hommes, assimilant le moral au physique, établit une égalité parfaite, entre tous les individus; et si, dans le commencement de la révolution, ces hommes, après une escarmouche eussent trouvé sur le champ-de-bataille, le cadavre de Mirabeau, et celui d'un pandour, ces hommes vous auroient soutenu hardiment que les deux nations belligérantes avoient fait une perte égale..... Je leur demande excuse ; mais en politique, je n'ai jamais pensé, ni écrit des absurdités, et c'est précisément parce que j'écris pour des républicains, que j'évite en ce moment avec grand soin, d'être inconséquent ou absurde.....

à l'harmonie générale , qui résulte d'un équilibre parfait dans toutes les parties. Il distribuera donc ses moyens de telle manière qu'il n'affoiblisse jamais un ressort , pour transmettre plus de force à son voisin , s'il ne veut être comparé à un architecte, qui, chargé d'étayer une aîle de bâtiment, en leveroit pour cette opération la charpente qui constitue la solidité d'une autre portion de l'édifice. Il saura distinguer le citoyen qui peut devenir moralement utile à la société, de celui qui n'a que son physique à lui offrir, et les placer chacun dans le cadre que la nature, et l'intérêt du corps social, lui assignent (1). Quand les circonstances

____

(1) Le but des loix est indubitablement de faire tourner les inclinations et les talens de l'individu, au profit de la société entière. Or, plus les loix se rapprochent de la nature , et plus elles sont salutaires à l'Etat. Le législateur, s'il est permis de s'exprimer de la sorte, est comparable à un architecte à qui on dit : « Nous voulons bâtir une » maison; voici des bois et des pierres de difflé- » rentes qualités, employez-les à la construction, » chacune, autant que cela vous sera possible, » sans nuire à vos dispositions générales ; employez » les à la construction, chacune de la manière où » elle pourra être de la plus grande utilité ».

Ce qu'il y a de très-certain, c'est qu'on se fût

le forceront à des lois de rigueur , pour compléter l'armée , il respectera donc la solitude du jeune homme qui consacre sa vie à l'étude, et que la nature a doué d'heureuses dispositions: car , dira-t-il , à Sparte, à Rome (2), et à Athènes , le génie national éleva des écoles de phylosophie , honora les savans , et à Sparte, à Rome , et à Athènes , les hommes instruits rendirent les plus signalés services à l'Etat.

« Les lois de Lycurgue , firent le bonheur » de Sparte. Cicéron sauva Rome des fureurs » de Catilina.

» Les ruses de Philippe échouèrent contre » l'éloquence de Démosthènes ».

---

moqué , avec raison, d'un législateur qui auroit dit , à J.-J. ROUSSEAU : « Dresse moi un plan de » fortification ; à VAUBAN , expose moi clairement » les bases et les conséquences du pacte-social ».

(2) La nation française s'est déclarée l'amie des sciences et des arts , en recueillant avec un religieux respect, les monumens et les manuscrits précieux, qu'offroit l'Italie à ses guerriers vainqueurs..... S'il est doux à un peuple libre de pouvoir donner un asyle aux productions du génie , il doit lui être bien plus doux encore , de voir son propre sol fertilisé par les eaux de l'Hippocrène!...

Et cependant, si une loi eût condamné ces trois grands hommes à passer sous les armes, ce temps de la jeunesse, que le mortel consacre à l'étude, elle auroit privé trois républiques de leurs plus fermes soutiens ; car moralement leur utilité étoit sans bornes ; physiquement elle eût connu, pour limites, les forces ordinaires d'un individu.

Archimède, instruit par de longs travaux, le compas en main, valoit à lui seul, toute une armée !... Le cimetère au poing, Archimède n'eût peut-être pas valu le dernier des soldats de Syracuse.

Songez d'aillleurs à combiner sagement la mesure qui devra vous fournir des guerriers, et sur-tout gardez qu'elle ne devienne un moyen de dépravation. Ne forcez aucune classe de citoyens au célibat ; outre que par là vous nuiriez à la population, ce seroit, à coup sûr, imposer la nécessité du libertinage (1).

____

(1) Quand l'ennemi est à nos portes, chacun prend les armes pour le repousser, et alors toute forme de levée est bonne. Mais lorsqu'il s'agit de régler la composition perpétuelle de l'armée, le législateur ne sauroit trop s'appésantir sur la dis-

Voilà le gouvernement républicain considéré dans ses principes, et ses dispositions générales. Que diront maintenant ces hommes exaspérés qui le décrient, sans l'avoir jamais étudié, et repoussent avec horreur une forme d'administration publique qu'ils ne connoissent pas ?....

La mauvaise foi reprochera-t-elle encore aux amis de l'humanité, les crimes qui ensanglantèrent l'aurore de nôtre révolution? Quoi ! nous dira-t-on qu'ils étoient républicains, ces monstres féroces qui couvrirent les places publiques d'échafauds et de cadavres ! Nous dira-t-on qu'ils étoient républicains, ces usurpateurs, qui, régnant sur un sénat décimé, noyèrent la patrie dans le sang de ses meilleurs citoyens !..... Eh ! l'empire qu'ils exercèrent sur la France,

---

cussion ; car, il va déterminer un de points les plus importans de l'administration publique ; et si alors il donnoit trop à l'enthousiasme, et pas assez à la réflexion, il pourroit préparer la ruine de l'Etat, en croyant fonder son bonheur..... Sur-tout que son arrêt ne se trouve jamais en opposition avec la nature ; il lutteroit dans ce cas contre un ennemi trop supérieur.

ne dut-il pas son origine, sa durée, au parjure et à la violation des droits du peuple, dont les principes républicains consacrent la souveraineté!... Le peuple avoit choisi sept cents cinquante magistrats qui, réunis, devoient procéder en son nom; des ambitieux envoyèrent à l'échafaud, mirent aux fers, vouèrent à la mort ses plus énergiques amis, et le glaive à la main commandèrent au reste de leurs collègues terrifiés!.... Il avoit chargé ces élus de lui rédiger un pacte constitutionnel, et ces hommes parjures se constituèrent en gouvernement absolu!.. Le peuple, las du despotisme qui pesoit sur sa tête, avant l'immortelle journée du 14 juillet 1789, et que l'incertitude de ses mandataires prolongea en partie jusqu'au 10 août 1792, vouloit que ce pacte constitutionnel établît son bonheur sur des bases inébranlables; rendît à Thémis un glaive qui depuis long-temps lui avoit été arraché par la tyrannie; et le plus affreux despotisme enchaîna ses brillantes destinées, et ce glaive devenu plus terrible encore dans les mains de ses nouveaux oppresseurs, fut la terreur de l'innocence et l'arme du crime!... Ah! jettons un

voile épais sur ce temps de deuil et d'horreur !...
Irions-nous chercher chez les brigands, des
exemples d'honneur et de vertus ?... Pour-
quoi donc feuilleter la vie d'hommes iniques
et cruels, pour trouver les principes d'un
gouvernement essentiellement juste et humain ! .... Revenons à un examen moins
douloureux, à des recherches plus conso-
lantes; ramenons nos regards autour de nous,
et fixons-les un moment sur cette constitution, chère à tous les bons Français.....
N'a-t-elle pas en effet consacré les principes,
que, brisant nos fers, nous invoquions à
grands cris ? N'est-elle pas assise sur les
bases les plus sages ? En elle, ne retrouvons-
nous point l'esprit des grands hommes,
dont les écrits lumineux ont provoqué la
chute des rois, et le réveil des peuples ?

« La souveraineté, dit *J.-J. Rousseau*,
» n'étant que l'exercice de la volonté générale,
» ne peut jamais s'aliéner, et le souverain,
» qui n'est qu'un être collectif, ne peut
» être représenté que par lui-même : le
» pouvoir peut bien se transmettre, mais
» non pas la volonté.

» En effet, s'il n'est pas impossible qu'une

» volonté particulière s'accorde sur quelque
» point avec la volonté générale ; il est im-
» possible, au moins que cet accord soit
» durable et constant.

» Si donc le peuple promet simplement
» d'obéir, il se dissout, par cet acte, et
» perd sa qualité de peuple : à l'instant qu'il
» y a un maître, il n'y a plus de souve-
» rain, et dès-lors le corps politique est
» détruit ».

Il s'agit de composer le gouvernement
de telle manière que le peuple puisse se
voir représenté sans cesser d'être souverain ;
c'est à dire de faire ensorte que la volonté
particulière de ce gouvernement, soit constamment d'accord avec la volonté générale.

Dans un grand Etat, il est impossible
au peuple d'exercer, par lui-même, le pouvoir législatif, et cependant chaque jour,
les circonstances exigent de nouvelles lois.
Il faut donc nécessairement créer des législateurs ; mais, ces législateurs, comment
enchaîner leur volonté particulière à la volonté
générale ? .... voyons..... procédons.....

Que

Que le peuple charge d'abord un certain nombre d'hommes de poser des bases, sur lesquelles il veut que désormais reposent toutes les lois de détail. Si ces hommes ont fidélement rempli leur mission, il approuvera leur travail, et le livrera à ses gouvernans, comme un régulateur, dont ils ne devront jamais s'écarter dans leurs opérations journalières.... Eh bien ! ne se sera-t-il pas ainsi donné des magistrats, sans aliéner sa souveraineté ? et la volonté particulière de ces magistrats, ne se rapportera-t-elle pas constamment à sa volonté générale?....

« Oui, me répondra-t-on, peut-être, vous avez, par cette proposition, résolu la première difficulté ; mais il en existe une seconde que vous ne leverez pas aussi facilement..... Mille voies conduisent au même but..... et vos gouvernans peuvent choisir celle que proscrit la volonté intérieure du peuple..... »

--Le peuple supposé, répliquerai-je alors, ne se créera que des gouvernans fréquemment amovibles, et ces gouvernans seront nombreux. -- Je veux que ces gouvernans soient amovibles, parce que naturellement chaque individu fixant son choix sur un homme dont il croit l'opinion conforme à la sienne (1), la tête qui réunira la majorité des suffrages, sera nécessairement imbue de la volonté générale ; parce que si l'hypocrisie prenoit le voile du patriotisme , elle n'auroit pas le loisir de boulverser l'Etat ; parce qu'enfin la réélection du gouvernant dépendant de la maniere dont il remplira les intentions du peuple , il a tout intérêt de ne point trahir sa mission. --- Je veux qu'ils soient *fréquemment* amovibles, parce que plus les époques du renouvellement d'un sénat sont rapprochées , et plus aussi la volonté particulière de ce sénat , est conforme à la volonté générale ; parce que moins les sénateurs restent en fonction , et moins aussi ils peuvent nuire à la chose publique, s'ils deviennent perfides. --- Je veux que ces gouvernans soient nombreux , parce que plus le magistrat est nombreux, et plus aussi par une application à l'universalité des citoyens d'un empire nommant le sénat entier,

____

(1) Je voudrois qu'une loi terrible fût portée contre ceux qui négligent de se rendre aux assemblées nationales , où un peuple nomme ses gouvernaus.

de ce que je viens de dire de particulier à
une portion de ces mêmes citoyens désignant
un seul sénateur ; plus aussi, dis-je, la volonté de corps se rapproche de la volonté
générale.......

Oh ! pour le coup, s'écriera-t-on peut-être
ici, pour le coup, je vous prends en con-
tradiction avec le philosophe législateur,
que vous prétendez suivre ; car je me
souviens qu'il a écrit quelque part : « que
» moins le magistrat est nombreux, et
» meilleur est le gouvernement, en raison
» de ce qu'il se relâche à mesure que les
» magistrats se multiplient ». --- Oui, ré-
pondrai-je cette fois, vous avez raison,
Rousseau a dit cela ; mais poursuivez, et
vous verrez qu'il déclare un peu plus loin,
qu'en raisonnant ainsi, il n'entend parler
que de la force relative du gouvernement,
et non de sa rectitude. Lisez enfin ce chapitre du Contrat Social, jusqu'au bout, et
vous reconnoîtrez que ce sont ses propres paroles, qui ont excité vos réclamations (1) ; car je les ai fidélement trans-

______

(1) Au reste, dit J.-J. Rousseau, je ne parle ici que
de la force relative du gouvernement, et non de sa
rectitude ; car, au contraire, plus le magistrat est

crites. Ce philosophe en avançant le principe dont vous avez voulu m'accabler ,
parloit de magistrats qui cumuleroient tous
les pouvoirs ; et non d'un gouvernement
tel que celui dont je m'occupe. Il a terminé
ainsi : « L'art du législateur est de savoir
» fixer le point où la force et la volonté
» du gouvernement, toujours en proportion
» réciproque, se combinent dans le rapport
» le plus avantageux à l'État ». Eh bien !
moi, c'est sur cette base, c'est dans ce
but, que j'ai construit mon édifice. J'ai
séparé le pouvoir législatif du pouvoir exé-
cutif, et j'ai dit : s'il est nécessaire que le
corps qui fait les lois, soit nombreux, il
est en raison inverse aussi nécessaire qu'un
très-petit nombre d'hommes soit chargé de
leur exécution ; car, plus les loix sont
discutées, et mieux elles valent, tandis
qu'au contraire, la promptitude des moyens
exécutifs a souvent sauvé l'Etat. La discussion naît de la diversité des opinions,
et quand une assemblée de législateurs est
nombreuse, les loix murement examinées ,
en sortent comme d'un creuset épurateur.

____

nombreux, plus la volonté de corps se rapproche
de la volonté générale. --- J. chap. 2e, liv. 3e.

--- Il n'y a point d'Etat plus heureux , et conséquemment mieux gouverné , que celui où la rigueur est inutile à l'exécution des loix , et certes plus le peuple a de part à leur confection , plus il est disposé à leur obéir. Quel homme a jamais tenté de briser son propre ouvrage ?.....

J'ajouterai encore une observation à cet égard ; c'est que, plus vos gouvernans seront nombreux , et plus aussi vous pourrez compter sur chacun d'eux en particulier, par cela seul qu'ils auroient été pris dans un cadre plus étroit....... Les habitans d'un hameau vous désigneroient plus surement un honnête homme, que ceux d'une grande ville, et néanmoins ces derniers le feroient avec encore plus de certitude que ceux d'une province entière.... ainsi de suite...

Mais tout votre systême, me dira-t-on alors , va s'écrouler devant une dernière objection ; et pour vous confondre , je me servirai d'un principe du Contrat Social, allégué par vous même. Le philosophe a dit, dans certain chapitre où vous avez puisé plusieurs argumens : « Le souverain » peut bien dire, je veux actuellement telle

» chose ; mais il ne peut pas dire, je le
» voudrai encore demain, puisqu'il est ab-
» surde que la volonté se donne des chaînes
» pour l'avenir ». D'où il faut nécessairement
conclure, poursuivra mon adversaire, que
votre peuple, en signant un pacte constitutionnel, se sera démis de sa souveraineté,
et aura même transigé pour ses descendans,
ce qu'il n'avoit pas le droit de faire (1).
D'ailleurs n'envisageons la question que sous
ses rapports politiques...... Si l'expérience
démontre que quelqu'un des principes de
cet acte produit des conséquences funestes,
où seront les ressources ?... Interlocuteur,
si tu m'avois permis d'achever, ton objection
n'auroit pas eu lieu ; car, pour parer à cet
inconvénient législatif et politique, j'ai at-
tribué à mon peuple le droit de révision,
droit que j'ai établi dans le commencement de
cet ouvrage, sur un autre principe encore,
dont toi-même argues en ce moment. Les
administrateurs devront donc, selon mon
projet, proposer les changemens que l'ex-

---

(1) Je l'ai moi-même établi au commencement
de cet ouvrage, et je le maintiens.

périence leur fera croire avantageux à l'acte souscrit par lui ; mais je ne leur laisse point le droit de convertir eux-mêmes cette proposition en décret ; car ils pourroient alors substituer leur volonté particulière, à la sienne. Mon peuple veut même, avant de prendre aucune mesure pour l'effectuer, que cette proposition soit répétée à trois époques différentes, et il détermine ces époques de manière qu'elle ne puisse être reproduite que par une assemblée entierement composée de nouveaux élus. Par là, dès la seconde fois, son intention s'expliquera clairement ; car, à coup sûr, il ne manquera pas alors de faire tomber son choix sur des personnes qui pensent absolument comme lui. De peur que lui-même n'ait été induit en erreur, ou emporté par l'enthousiasme, une troisième fois, de nouveaux élus encore, manisfesteront sa dernière résolution. Alors seulement, si la proposition a été trois fois accueillie, il tirera de son sein un certain nombre d'hommes chargés de faire les changemens, qui, de plus, devront encore être soumis à sa sanction.

Voilà, j'espère, cher Interlocuteur, un

moyen de révision bien sagement combiné.....
Que dis-tu de l'ensemble de mon plan ?.....
Ah ! je vois, sur ta figure, qu'il ne t'a point
déplu ! .... en ce cas, ami, tu connais les
bases de la constitution française de l'an III ;
car ce sont elles que je viens de tracer
mot à mot.

Tous ceux qui l'ont lue, savent d'ailleurs,
que ses développemens sont les garanties
de la liberté ; qu'elle consacre enfin tous
les principes qui font l'essence du gouvernement, dont j'ai naguère fait l'éloge........
Oui, l'édifice qui repose sur ces bases, est
digne en son entier de ceux qui les ont
assises ; et nous pouvons dire hardiment
que notre constitution est l'écueil de tous
les partis, et qu'elle contient le germe du
bonheur public. Que les magistrats à qui
le dépôt en est confié, sachent donc dé-
velopper ce germe bienfaisant, et sur-tout
qu'ils se souviennent que la plus belle constitution de l'Univers, ne sera qu'un meuble
inutile entre leurs mains , s'ils ignorent
l'art précieux de lier intimement son existence à celle de la machine politique ; si en
administrateurs éclairés et prudens, ils ne

lui donnent pas l'appui nécessaire de la morale. D'une harmonie parfaite , d'une sage combinaison entre toutes les parties administratives , résultera toujours le bonheur public : les secousses violentes , au contraire , ne produiront jamais que quelques momens de gloire , suivis d'un cahos où périra l'imprudent législateur , qui se sera laissé emporter à la fougue de son imagination.

Un peuple qui a long-temps gémi sous le joug de la servitude, dans les premiers élans de sa résurrection, sortira des bornes marquées par la politique...... Cette première impétuosité ne peut lui être funeste ; elle lui fournira même souvent des ressources utiles...... Mais elle lui deviendroit bientôt fatale , si une main inhabile en prolongeoit la durée. Il faut qu'à ces premiers transports succède un calme parfait ; à ces ressources extraordinaires , celles de l'économie politique ; et alors par sa diplomatie, par la culture des arts , ami de la liberté, ce peuple deviendra précieux au reste de l'Univers ; il verra bientôt son sol recherché par ceux mêmes que l'impression du moment en avoit bannis. C'est un torrent, qui, long-temps retenu par une digue, la rompt avec violence, et se précipite à travers la campagne. Dans les premiers instans de son irruption, ses ravages se sont étendus au loin : il a détruit des villages, et submergé des villes !........ Mais bientôt son lit se resserre, ses flots prennent un cours paisible, et alors sur ses bords rians se construisent des chaumières, qu'habite le bonheur, et des maisons de plaisance où le citadin va chercher les plaisirs.....

F I N.

Chez MARET, Libraire, Palais Égalité, cour des Fontaines.

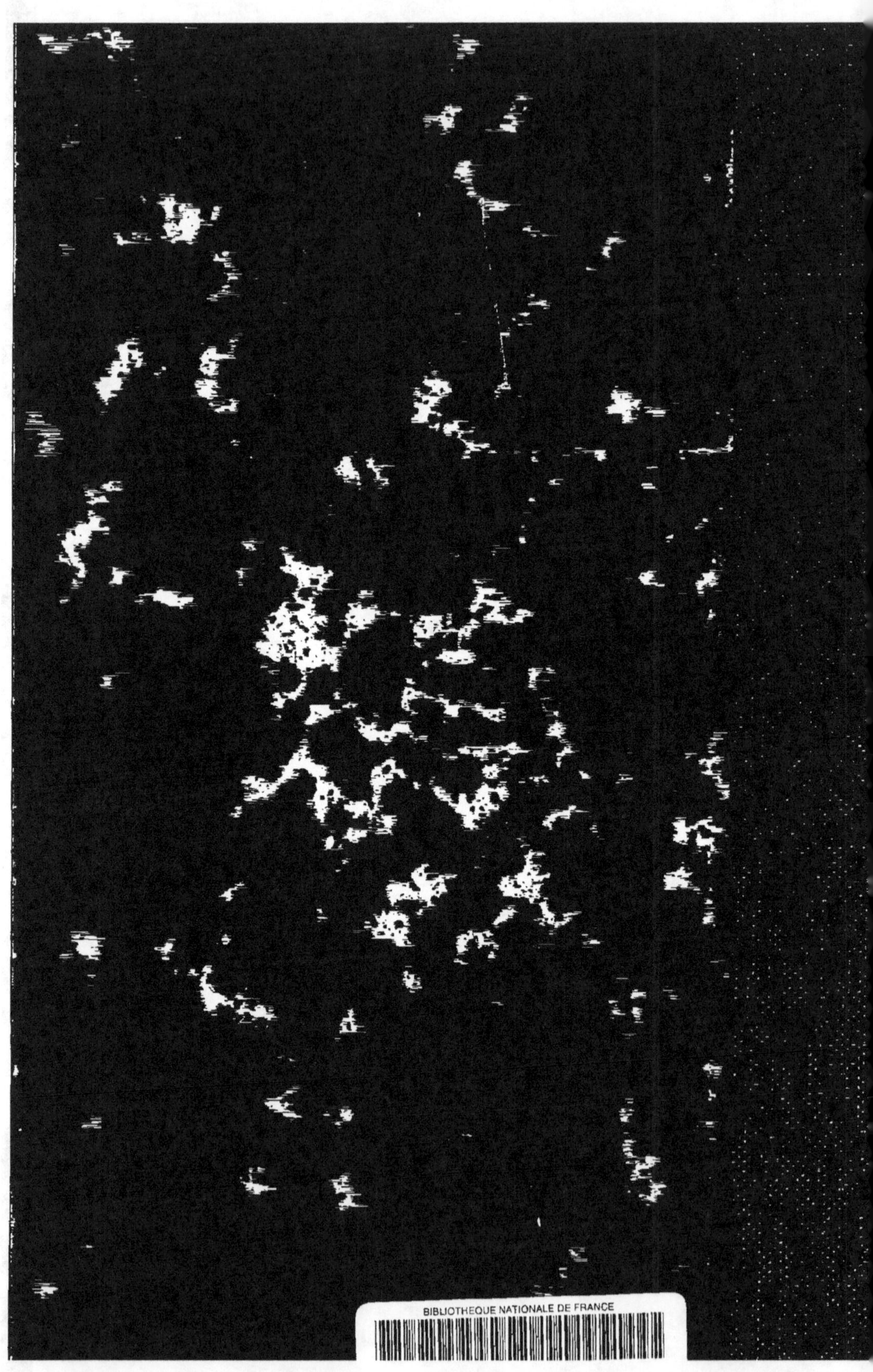